बज़्म ए राहबाज़

उड़ते है खुले आसमाँ में, हर बंदिशों से गाफ़िल है ।
अहसासों के परिंदो की , अल्फ़ाज़ ही मंज़िल है ॥

Shahbaaz khan

BookLeaf Publishing
India | USA | UK

Made with ❤ on the BookLeaf Publishing Platform
www.bookleafpub.in
www.bookleafpub.com

Dedication

उन मुसाफ़िरों के नाम ,
जो मंज़िल से ज़्यादा, सफ़र में जिया करते हैं।

उन दिलों के नाम ,
जो टूटते है , संभलते है, फिर मुस्कुराना जानते ।

उन सपनों के नाम,
जो नींद से गहरे और सरहदों परे होते हैं ।

उन हौसलों के नाम,
जो रातों की तन्हाई में भी सितारों की रौशनी से जगमगाते है

उन जज़्बातों के नाम,
जो अल्फ़ाज़ न पाकर भी शायरी बन जाते हैं।

और आपके नाम ,
जिन्होंने शायरी को सिर्फ़ अल्फ़ाज़ नहीं,
बल्कि अपनी रूह की आवाज़ बनाया।

आपका शाहबाज़

Preface

ज़िंदगी के सफ़र की कहानी में, हर शख़्स एक मुसाफ़िर है,
कहीं राहें आसान मिलती है, तो कहीं काँटों का ज़खीरा।
मगर यही काँटे हमें चलना सिखाते हैं,यही ठोकरें हमें संभलना
सिखाती हैं।

इस किताब की हर शायरी उस जज़्बे की आवाज़ है,जो इंसान को
हिम्मत देती है—
हार के अंधेरे में भी उम्मीद की लौ जलाने की,
राह की धुंध में भी मंज़िल को पहचानने की।

उसी तरह हर मुश्किलों का सामना करने,एक ताक़त, एक हौसले की
ज़रूरत होती है |
जिसे मैने मुहब्बत के नज़रिए से समझा और उसमे आने वाले हर दौर
को, एक राहगीर की उलझन समझ, हासिल करी |

हौसले, मुहब्बत और मंजिले.....ये तीनों ही मेरे कलाम की धड़कन हैं।

मुहब्बत दिल को जगाती है,
हौसले क़दमों को परखते हैं,
और मंज़िल वही हासिल करता है
जो रुकता नहीं, थकता नहीं, हार मानता नहीं।

ये किताब मेरे एहसासों का आईना है,
मगर यक़ीन मानिए, इसमें आपको,आपकी ही झलक मिलेगी।

हर शेर, हर अल्फ़ाज़ शायद आपके दिल की,उस चुप्पी को आवाज़ देगा,
जो अब तक सिर्फ़ महसूस होती थी।

उम्मीद है यह शायरी का सफ़र,आपके हौसले को नया आसमान देगा,
और आपकी मंज़िल तक पहुँचने में, एक रूहानी साथी बनेगा।

आपका हिंदबाज,

Acknowledgements

कोई भी मुसाफ़िर कभी अकेला नहीं चलता। हर सफ़र के पीछे वे लोग होते हैं जो राह दिखाते हैं, सहारा देते हैं और हौसला बढ़ाते हैं। सबसे पहले, मैं अपने परिवार का शुक्रगुज़ार हूँ, जिन्होंने मुझे घर से निकलने का साहस दिया और हमेशा लौट आने की ताक़त दी। अपने दोस्तों का भी धन्यवाद, जिन्होंने मुझे याद दिलाया कि सबसे लंबा रास्ता भी आसान हो जाता है, जब दिल साथ-साथ चलते हैं।

मैं उन अनजान राहगीरों का भी आभारी हूँ, जिनसे रास्तों में मुलाक़ात हुई—किसी ने आसरा दिया, किसी ने मुस्कान, और किसी ने चुप्पी। हर किसी ने इस किताब का हिस्सा बनकर मुझे कुछ दिया, चाहे उन्हें इसका एहसास न हो।

आख़िर में, मैं उन राहों, आसमानों और शहरों को सलाम करता हूँ, जिन्होंने मुझे सीखाया, सब्र, और हौसला, इनके बिना यह किताब कभी लिखी ही नहीं जा सकती थी।

उन राहों के नाम, जो मंज़िलों से ज़्यादा खूबसूरत थी I
उन शख़्स के नाम,जिनसे मेरी शख़्सियत मुकम्मल थी |
शाहबाज़

*For the roads that shaped me, the skies that guided me,
and the strangers who became stories of my life"*
Shahbaaz

1. आग़ाज़ ए हिंदबाज़

दिल में छिपे हुए, कुछ ख़्याल लाया हूँ ।
कुछ हसीन, कुछ ज़हीन, कुछ बवाल लाया हूँ ॥

वक़्त की लहरों में गुम,
चमकीली दुनिया में गुम,
सीप में मोती से बन गये थे,
वो ख़ज़ाने निकाल लाया हूँ ॥

चाहे अनचाहे ,कई जवाब दिये है ज़िंदगी ने ।
कुछ मैं भी पूछ लूँ , ऐसे सवाल लाया हूँ ॥

ख़्वाब जो अधूरे अभी भी है,
रिश्ते जो अधूरे अभी भी है ।
क़र्ज़ ए ज़िंदगी में जो उलझे थे,
उनकी एक डोर निकाल लाया हूँ ॥

शौक़ ए ज़िद का , अजीब है फ़लसफ़ा मेरा,
तुफ़ानो से हर बारे,मैं कश्ती निकाल लाया हूँ।

ना अक़ीदत कम हुई,

ना टूटा हौसला मेरा ।
राह में जब भी अंधेरा मिला,
मैं बनकर मशाल आया हूँ ।

2. मैं,भी तुम हूँ

मुझे कुनबो में बाँट कर,
मेरी नस्लों को छाँट कर ।
डाल कर बंदिशे हज़ार,
आज़ादी दे दी, बस कहने को ।

मुझे महलों से क्या मिला,
मुझे वसीयत से क्यूँ गिला ।
समेट कर मेरे किनारों को,
समंदर दे दिया, बस बहने क़ो ।

मैं आदम की जात
मेरे कितने जज़्बात
मैं क्या,तुम कौन ,
मैं मूसा, तुम फिरौन ।

मुझे रंगो में ना बाँटो,
मेरे पंखों को ना काटों ।
सब रब एक है,आसमाँ में
मुझमें ही, वो रब रहने दो ।

मेरी उम्मीदों को रौनक़ दो,
मुझे हवाओ सा बहने दो ।
वही मिट्टी, वही आब ओ हवा ,
मैं भी कुदरत हूँ मुझे, मैं ही रहने दो ,

3. जज़्बा, जुनून और ज़िंदगी

अरमानो की किश्त और उम्मीदों पर ब्याज लिए चलते है ।
कुछ क़र्ज़ ज़िंदगी के बेमियाद लिये चलते है ॥

चलते ही रहे, थमने का मतलब हमे नहीं पता ।
कदमों में इतिहास की बुनियाद लिए चलते है ॥

एक उम्र हुई, सिरहाने में सर नहीं रखा ।
तकिये में ख़्वाब, बेहिसाब लिए चलते है ॥

हाथो की लकीरों से, कभी नाता नहीं मेरा |
काँधो पे हौसलों की जायदाद लिये चलते हैं ॥

अपनों की दुआ से रौशन, चराग़ राहों के रहे ।
उनकी ख़ैर ओ बरक़त की फरियाद लिये चलते है ॥

हर वक़्त से सीखा, हर दौर ने आज़माया ।
हर बार नया हम, शाहबाज़ लिए चलते हैं ॥

4. आज़माइश

आज़माइशों से मेरा नाता, पुराना तो नहीं ।
थमा हूँ कुछ पल के लिए , मैं हारा तो नहीं ॥

उठ ही जाती है कभी, ख़ुदा पर भी उँगलियाँ ।
माटी का पुतला हूँ मैं, कोई सितारा तो नहीं ॥

रेत के दानों पर भी , ना पैबस्त मेरा पसीना हुआ ।
सहरा का गुलिस्ताँ हूँ, कोई मौसम ए बहारा तो नहीं ॥

ज़िद और हौसले ही मिले है,सिर्फ़ वसीयत में मुझे ।
वार दूँ मेरे असबाब, देख ज़माने में कोई बेसहारा तो नहीं ॥

अभी तो मझदार में , सँभाली है पतवार शाहबाज़ ने ।
देख ले समंदर, क़रीब तेरा कोई किनारा तो नहीं ॥

5. ZOMBIE YUG

सतयुग के इंतज़ार में, कलयुग गुज़ार गये ।
ए स्साला हम तो ,ज़ोम्बी ज़ोन में पधार गये ॥

टेलीफोन देखा, पेजर मारा, मोबाइल झंकार गये।
हम मिलेनियल , तो जैसे अग्नि परीक्षा गुज़ार गये ॥
दुनिया चल रही है 5G ki speed से और हम,
करते करते Buffer, ज़ोम्बी जोन में पधार गए ॥

कल्चर को आज़माने में,संस्कार स्वर्ग सिधार गए।
ए स्साला हम तो, ज़ोम्बी ज़ोन में पधार गये ॥

Relationship, Situationship, Nanoship,
Friend Zone, Monoship के चक्कर में,
रिश्तों की मिल्कियत, हम बेचने भंगार गये,
करते हुए Breakup, ज़ोम्बी जोन में पधार गए ॥

सीख अनुशासन पिता से, बच्चों को पुचकार गये।
ए स्साला हम तो, ज़ोम्बी जोन में पधार गये ।

मोमो, मैगी और मेयोनीज़ चटकार गये।

मैदे का पिज़्ज़ा और बर्गर डकार गए ।
अनुलोम, विलोम और योगा करते करते हम,
लेकर फैटी लिवर,ज़ोम्बी जोन में पधार गये ॥

करे शाहबाज़ दुआ, GEN Z, Alpha, Beta के बाद
ए उपरवाले , तू डायनासॉर ले आना I
हम तो मिलेनियल है,संभल गए,
इन बच्चों का क्या होगा जब,
ज़ोम्बी जोन से भी आगे पधार गए ||

6. ख़लिश

ये परिंदों सी ज़िंदगी,और अनजान सा शहर ।
ये बुलंदी परवाज़ की और शाख़ों पर बसर ।|

एक छोटी सी आस, जिसे दिल को तलाश।
ख़्वाबों का आशियाना और ख़ुशियों का नगर।

मैं , ख़ुद और हम की दुनियाँ ।
गफ़लत, फ़सानों और वहम की दुनियाँ ।
तलाशा खुद को, अनजान सी गलियों में ।
पराई सी महफ़िल और अपना सा शहर ॥

कभी मौज की शाम, कभी ख़ामोश अंधेरे ।
कभी तबियत गुलफाम, कभी ख़ामोश सवेरे॥

चल उड़ चलें, शाहबाज़ दिल की आवाज़ पर
दर बदर ही सही, रख मंज़िल पर नज़र ॥

7. उलझन

बड़ी उलझन सी ज़िंदगी है क्या बताऊँ ,
जो ढूँढता हु सुकून ए दिल,कहा से लाऊँ |

हर सुबह दौड़ाती है एक आस मुझे ,
के उसे यहाँ पाऊँ या वहाँ पाऊँ |

फिरता हू बेचैन, मुसाफ़िर सा राहों में ,
है मंज़िल कहाँ, उन राहों को क्या बताऊँ |

वो बफ़िक्र है जिनका हुँ मैं , मुझे क़द्र नहीं |
जो पालूँ ,उनको ये अहसास कहा से लाऊँ |

बेशक हर दर्द की दवा, दोस्त है मेरे |
पर जो दोस्ती में नाम ढूँढे, उन्हें क्या बताऊँ |

बंजर सी जमीं को सींचा है, ख़ून ए वक़्त से |
जो उजड़ी है आँधियों से, वो फ़सल कहा लगाऊँ |

बदलती है शख़्सियत लोगों की, शाहबाज़ हर रोज़ |
फिर मैं ख़ुद को पा लूँ, चाहे ख़ुद में समा जाऊँ |

8. मेरा यार है |

एक विश्वास है एक एहसास है |
दुनिया की भीड़ में लोग कुछ ख़ास है ||

हम विचार है एक आधार है |
हर ग़म और ख़ुशी के भागीदार है ||

एक मनोबल है एक शक्ति है |
अकेलेपन में साथ वो व्यक्ति है ||

वो उत्साह है उमंग है उपकार है |
मेरे जीवाणु का सच्चा उपहार है ||

कंजूस है, कमीना है चापलूस है |
जब साथ वो है, सारे ग़म मायूस है ||

शाहबाज़ करे ड्यूल, सलामत उन्हें खुदा रखे |
मेरे दोस्त जैसा भी है, मेरा यार है संसार है||

9. काश ! तुम समझते

गोया के ख़ामोश समंदर सा, किरदार है मेरा |
सुकून सा ही नज़र आता होगा, आँखों में मेरी |
बताऊँगा कभी, सिरहाने में करवटों के निशान |
तुम समझ सको तो !

मुस्कुरा लेते है, तो खुश गुमान कर लेते हो |
चुप रह जाते है, तो बेदर्दी नाम कर लेते हो |
सुनाऊँगा कभी ज़ख़्म ए दिल की दास्तान,
तुम समझ सको तो !

तेरे तानो और बानो को फुलों सा सजाया हमने |
हर तड़प को तेरी शाखो सा सम्भाला हमने |
दिखाऊँगा कभी मेरे इश्क़ का गुलिस्तान,
तुम समझ सको तो !

कब तेरी तन्हाइयों की परवाह ना की,
मायूसियों से तेरी कब निबाह ना की ,
ले जाऊँगा कभी, मेरे अहसासो का रेगिस्तान,
तुम समझ सको तो !

अफ़सोस, मेरी आँखो को तुम पढ़ ना सके |
लड़ लिया मुझसे, मुहब्बत के लिए लड़े ना सके |
समझाऊँगा कभी , कितनी है मेरी तुझसे पहचान ,
तुम समझ सको तो !

10. दिलकशी

मुहब्बत के सफ़र मे !
ना जाने कब सुबह ,
कब शाम हो जाती है ।

दर्द ए जुदाई !
ना जाने कब बेचैन,
कब बेजान हो जाती है ।

बिछा कर पलकों में !
उसकी यादों की चादर
ज़ुल्फ़ों की ख़ुशबू बिखरती है ,
साँसो से सरेआम हो जाती है ।

यूँ गिरते है पत्तो की तरह !
कभी आँखो से आँसू ।
जैसे बारिश के मौसम में ,
फ़िज़ाएँ, बियाबान हो जाती है ।

एक अक्स ही उसका ,
झिलमिलाता है ज़ेहन में ।

जैसे खिली धूप हो और ,
सहर में शाम हो जाती है ।

एक दीदार ही काफ़ी है उसका,
हो बूँद, जैसे सेहरा में,
अरमानो की कली,
खिल कर गुलफाम हो जाती है

11. ज़िंदगी का बही खाता

ज़िंदगी का फ़लसफ़ा, कुछ नफ़ा कुछ नुक़सान रहा |
कुछ हमने कोशिश करी, सबका कुछ अहसान रहा ||

तलाश ए मंज़िल सहूलियत से बदलता रहा |
कुछ ख़्वाब कामिल हुए, क़ायम कुछ अरमान रहा ||

रिश्तों का मुनाफ़ा, दोस्तों का क़र्ज़ बढ़ता रहा |
किश्तों की ज़िंदगी में मेरा फ़र्ज़ बिगड़ता रहा ||

रस्मों रिवाज़ो का सूद भी बेमियाद पड़ता गया |
कारोबार ए दस्तूर का अजब गुना-भाग रहा ||

ख़ुशियों के ख़ज़ाने में ख़्वाबो का महसूल लगा |
कुछ मुरव्वत, कुछ मोहलत, कुछ फ़िज़ूल लगा ||

पेश है आपके मुआयने में बही खाता ए शाहबाज़ |
माल ए नेकी वही सरमायाकारी की जहां माकूल लगा ||

12. कसक

दर्द ए जुदाई समझते है, पर जताते नहीं |
इश्क़ के जुगनू जलते है, पर जगमगाते नहीं |
तन्हाई में अक्सर ख़याल, आ ही जाता है तेरा,
सुख जाते है फुल मुहब्बत के, पर मुरझाते नहीं ||

छिपा लेते है अपने एहसास, पर कह पाते नहीं ।
याद तुझे हर वक़्त करने से, हम कतराते नहीं ।
एक इम्तिहान है, ये ज़िंदगी के सारे रास्ते,
किस मोड़ पर फिर तुमसे मिले, बताते नहीं ||

नासूर ए इश्क़ कोई , अब कुरेदे जाते नहीं |
ख़ुशनुमा सी यादों में अब, हम डूब पाते नहीं |
गुमा दिया है, अहसासो को वक़्त के समंदर में ,
बहते है साथ लहरों के,पर किनारे आते नहीं ||

महफ़िल में कभी ज़िक्र आए भी तेरा, हम मुस्कुराते नहीं |
फेर लेते है आँखे , तेरी राहों में अब बिछाते नहीं |
सहेजा है शाहबाज़ ,हर गुज़रे पलों को मोती सा,
रौशन है गर्द ए दिल में , पर झिलमिलाते नहीं ||

13. आदम की हौव्वा ?

हर दौर में, तेरी कमियों को ललकारा गया।
काँटो को अपने,तेरे आँचल में उछाला गया।
किरदार तेरा रौशन है, आफ़ताब की तरह।
चाँद क़ह क़ह के, तेरे दागों को उभारा गया॥

हर मुश्किलो को तूने सर से लगाया।
हर शिकन को तूने दिल से मिटाया।
लिखी इबारत,बिखरे ज़िंदगी के पन्नो पर।
तेरी नस्लों की वसीयत को,अपना बताया गया।

चार दिवार और एक छत को घर बनाया।
ख़ुशियों और दुआओं का एक दर बनाया।
शमा बनाकर अपने ख़्वाबों की ,
रौशन किया हर कोना।
फिर भी दालानो में नाम आदम का लिखाया गया।

माँ के कदमों में जन्नत यूँ ही नहीं बताया गया।
बेटीयों को घर की रौनक़ ,यूँ ही नहीं बताया गया।
कुछ तो कमी होगी ख़ुदा से,आदम को बनाने के बाद,
की तुझको बना कर हौव्वा,जमीं पर लाया गया॥

14. अहसास

मैं कहाँ तेरे अहसासों का जवाब दे रहा हुँ|
मैं कहाँ अपनी ग़लतियों का हिसाब दे रहा हुँ|
यूँ तो क़िस्मत रही मेरी काँटों से भरी,
मैं अपने दिल में खिला गुलाब दे रहा हूँ||

काश मेरा जवाब, मेरी नज़र में पढ़ लिया होता|
खामोशी को मेरी, अल्फ़ाज़ों में गढ़ लिया होता|
तरसता रहा सिरहाना,मेरी नींद के आग़ोश को,
तेरी आँखो को, अपना अधूरा सा ख़्वाब दे रहा हूँ||

तेरा वजूद, मेरी मंज़िल को मुकम्मल कर देता|
मुरझाई हुईं सी उम्मीदों को ,ज़िंदगी से तर देता|
बुझते उजाले मेरे दर के,तेरे नूर को तकते रहे|
रौशन तेरी दुनिया रहे, दुआओं का चराग दे रहा हूँ||

एक कशिश सी रहेगी, एक ख़लिश सी रहेगी|
मेरे ख़याल भी से तेरे ज़हन में ,जुंबिश सी रहेगी|
तेरे तसव्वुर, ही में मदहोश रह लेंगे शाहबाज़ ,
बैठ कर सहरा में ,अपने हवा ओ आब दे रहा हूँ||

15. मतलबी

मतलबी दुनिया में, मिले हम दो मतलबी |
कुछ इस तरह दोनों, का मतलब हो गया |

उठाई तूने यूँ, मतलबी नज़र मेरी ओर |
तुझसे मतलब, ही मेरा मतलब हो गया |

भूल गया ख़ुद को भी, और ख़ुदा को |
कहीं का ना रहा, मैं बेमतलब हो गया |

यारो की महफ़िल, अपनो का साथ छूटा |
सबने पूछा ऐसा मतलबी तू कब हो गया |

लोग मिलते है मतलब से,
और मतलब से जुदा होते है |
बना ले जो तुम्हारे मतलब को,
अपना मतलब वो कहाँ होते है |

कभी छोड़ कर अपना मतलब ,
मैंने तेरे मतलब से जी लगाया था |
तेरा मतलब सिर्फ़ तुमसे से ही था |

मैंने मतलब में तेरे हमको कहाँ पाया था |

इस मतलबी दुनिया में सबको,
अपना मतलब नज़र ही आता है |
संभलना ए शाहबाज़ ,मतलबी जहाँ है |
अपने मतलब से जीना तुझे कहाँ आता ||

16. इम्तिहान

बेख़बर ख़यालों में तेरा अहसास ख़ुद चला आता है |
जैसे मदमस्त किरणों की ओर बादल खींचा चला आता है |

उलझन नहीं ये, की फ़र्ज़ ए हुकुक ने बांधाँ है हमें |
शिकवा तेरे साथ बीते वक्त से,जो जल्द गुज़र जाता है |

तेरी शिकायतो ने, तेरी ही शिकायत हमसे करदी |
की तेरा चाहने वाला आजकल रूठ क्यूँ नहीं पाता है ||

सब्र भी टूट गया , ख़ुद अपना इम्तिहान लेकर |
कभी बेसब्र रहने वाला अब क्यूँ ख़ामोश नज़र आता है ||

किस मोड़ पर लाकर रखा है चराग ए इश्क़ को |
झोंका हवा का भी उसको और रौशन कर जाता है ||

दर्द की राहो से जो गुज़रे,वो मुहब्बत मज़ा देगी |
ये कहने वाला ही, खुद बड़ा मासूम नज़र आता है ||

ग़ुमान था की हुनरबाज़ है शाहबाज़,
रूठने वालों को मनाना हमे आता है ||

यों टूटा भरम की मेरी नज़रअन्दाज़ी पर,
मेरा चाहने वाला अब, मुस्कुरा कर गुज़र जाता ||

17. ग़ैरत

इतना भी ना गिरो, के पायदान हो जाओ |
हर हाथ पहुँचे तुम तक, वो गिरेबान हो जाओ ।
माना की मोलभाव भी ज़रूरी है, सौदेबाज़ी में |
क़ीमत यूँ ना गिराओ, के आसान हो जाओ ॥

झांको आईने में, ना लगे की ग़ुलाम हो गये,
नाम ही जपते रहो औरों का, ख़ुद बेनाम हो गये।
मतलब और गफ़लत का बाज़ार है संभलना
कहीं सस्ती वाहवाही के, न कदरदान हो जाओ ॥

लहजे में नरमी, रिश्तों में सरगर्मी रखना ही,
तुम्हारे शाहबाज़ होने का निशां होता है ।
ज़िंदा रखने के लिए पहचान तुम्हारी,
आँखो में तेवर भी ज़रूरी होता है ॥

जलाए रख, गर्द ए दिल में सदाक़त की शमा ।
ग़ैरत ही हासिल और इंसानियत ही जमा |
ज़िंदगी सिर्फ़, नफ़ा नुक़सान का बहि खाता नहीं |
मशीन बन गये हो,थोड़े से इंसान हो जाओ ॥

18. उम्मीद

ये कसक ही अब अहसास ए मुहब्बत हो गई ।
बहारों में गुलशन ए इश्क़ पतझड़ सी हो गई ।
शाखें नियत रही, तो गुल और गुँचे भी आएँगे ।
काँटे ग़र दूरी के है, तो मिलन के बाग़ीचे भी आएँगे ॥

अब दुरियो का रास्ता मंज़िल को तय करना है
इस अहसास ए ख़लिश को महफ़िल सा करना है ।
प्यासी है ज़मीं ए दिल ग़र, बादल और बारिश भी आयेंगे ।
खुश्कसाली ग़र दीदार की है तो सोहबतों के समन्दर भी आयेंगे ॥

बहता ही जा रहा है वक़्त, धड़कनों ने गिनना छोड़ दिया ।
हुई आहट तेरे आने की, इन क़यासों को तोड़ दिया ।
तड़प ज़्यादा है ग़र, आराम और सुकून भी आयेंगे ।
दर्द ग़र जुदाई का है, तो आग़ोश के मरहम भी आयेंगे ||

है इम्तिहान ए इश्क़ ये फ़ासले जाना,
तेरे इंतेज़ार ने ही सब्र छोड़ दिया ।
माना अधूरे जवाब थे मेरे पर,
तेरे सवालों ने क्यूँ मुँह मोड़ लिया ।

नियत ए वफ़ा रही तो, मंज़िल और रास्ते भी आयेंगे ।
कसक गर बेचैनी की है, सुकून के मौसम भी आयेंगे

19. वसीयत ए मुहब्बत

चलो जुदा होने से पहले,
वसीयत ए इश्क़ का बँटवारा कर ले ।
रख लो सारी शिकायतें तुम्हारी,
एहसास ए मुहब्बत मेरी हो गई ॥

चलो अपनी मुहब्बत का,
सजदा ए मगरिब कर ले ।
आज से सारे दिन तुम्हारे,
और स्याह रातें मेरी हो गई।

वो बीते लम्हों के गुलशन,
जिन्हे मुरझाने का डर नहीं ।
रख लो गुल, सारे वफ़ा के,
बेवफ़ाई की ख़िज़ाँऐं मेरी हो गई ॥

हिसाब भी कर लो उन ख़्वाबो का,
जो एक नींद खुलने से टूट गये |
ख़ुशनुमा राहों को तेरे नाम किया,
वो अधूरी सी मंज़िल मेरी हो गई ।

बुझा दें शाहबाज़, हर उम्मीद की शमा ।
के अब रौनक़ ए मुहब्बत से डर लगता है
तनहाइयों के मेले मुबारक मुझे,
दुनिया की महफ़िल तेरी हो गई ।

20. तिलस्मी

पढ़ कर भी तेरे हर वरक़ को क्यों तूम |
तिलस्मी, एक किताब सी लगती हो ||

पूछता हूँ, हर बार मैं तेरे जाम ए हुस्न से |
की क्यूँ तूम,पुरानी शराब सी लगती हो ||

ये दुरियो की सज़ा है, या बेताबी का मज़ा |
जब भी मिलती है एक ख़्वाब सी लगती हो ||

आदत सी हो गई, जो नस नस में बस गई |
तूम वो दुआ हो ,जो अब अज़ाब सी लगती हो ||

कम तेरा रूखसार है, अदाएं भी मामूली सी |
क्यों मुझको ही तुम सुरख़ाब सी लगती हो ||

बसी हो ज़ेहन में, बस तुम ही तुम नज़र आती हो |
देखो परछाई तुम भी आईने में , शाहबाज़ सी लगती हो ||

21. जश्न ए सुकूँ

हर रोज़ निकलता हूँ मैं,
अधूरे से ख़्वाब लेकर
आधी सी ज़िंदगी के,
अधूरे जवाब लेकर।

बेजान इन मंज़िलो का
सोया हुआ रास्ता है,
उम्मीदों की सहर ढूँढता हूँ
रात का आफ़ताब लेकर ।

सबक़ मिलता रहा,हर मोड़ नया
बातिल मिला, कभी हासिल नया
हर नफ़ा और नुक़सान लिखता हूँ
ग़लतियों की किताब लेकर |

मुख़ालिफ़ भले ही रुख़ हवाओं का रहा
साथ सदा सबकी सदाओ का रहा
आसमाँ ज़रा ऊँचा है, शाहबाज़ जश्न ए सुकूँ का
उड़ता हूँ हौसला बेहिसाब लेकर

22. मरहला ए आख़िर

हटा ही ले अपना दामन, आब ओ सबा वाला ।
सेहरा का वो फूल हूँ, जुदाई में खिल आऊँगा ||

ग़र घुटन सा ही लगता है, मेरा साथ ये माना ।
साँसो को थामना,मैं हवाओं में मिल जाऊँगा ॥

मर्द था मैं पिघला नहीं, पत्थर ही समझ लिया ।
कभी झांकना दिल में, तेरी एक आह से हिल जाऊँगा ||

आँखो में गुज़ार ली रात, कही ख़्वाबों में ना सकूँ |
मैं रात ए सर्द हूँ तड़प की, तिल तिल जाऊँगा ||

बुझा दें हर शमा मेरे नाम की, जो है रौशन तेरे दिल में |
वो चराग़ हूँ उम्मीद का, तेरी मायूसी में झिलमिलाऊँगा ||

पैमाईश, मेरे हालात से की, शाहबाज़ तेरा किरदार ना देखा |
वो समंदर हूँ वफ़ा का, जो तेरे दरिया में मिल जाऊँगा ||

23. शिद्दत ए इंतेज़ार

शिद्दत ए इंतेज़ार में कलम उठा लेता हूँ मैं !
दीदार ए यार अपनी जगह ,
दिल ए बेक़रार अपनी जगह है |

गुमानी ए मुलाक़ात का,अक्स बना लेता हूँ मैं !
तुझसे मिलना मुश्किल,
तेरा इज़हार अपनी जगह है |

ख़्वाबों को तेरे हर रात सजा लेता हूँ मैं !
तेरा अहसास मुकम्मिल ,
तेरा इख़्तियार अपनी जगह है |

कभी तेरी तस्वीर काग़ज़ पर उतार लेता हूँ मैं !
तेरा तसव्वूर कामिल,
तेरा रूखसार अपनी जगह है |

यूँ बना लेती हो खुद होंठों पर हँसी उसपर ,
तेरी नज़ाकत कातिल,
मेरी शराफ़त अपनी जगह |

बिसरी यादों की महफ़िल जगमगा लेता हूँ मैं !
तेरी शिकायत मंज़ूर,
तुझसे अक़ीदत अपनी जगह |

कभी मोल देना वफ़ा का मेरी तौल कर |
सारी दुनिया उस तरफ़ ,
ये शाहबाज़ अपनी जगह |

24. खुमार

आए कुछ खुमार , तेरी नज़र ए शराब दे दे |
बेबाक़ जीने के लिए, तेरी बाहों के मेहराब दे दे ||

बेचैन दीद को, बस तेरे सुख़न ए हुस्न की प्यास है |
आग़ोश ए सुकूं नहीं तो , तेरी आँखों के ख़्वाब दे दे ||

क्या क्या रक्खू,तेरी वफ़ा ए इश्क़ का हिसाब |
बस तेरा प्यार मेरे यार, बे-हिसाब दे दे ||

हम पर तेरी चाहत का इल्ज़ाम ही तो है |
ग़र माफ़ी ना दे सके,तो क़त्ल ए आम दे दे ||

जन्नत की परवाह नहीं, ना सुकून ए कब्र चाहिए |
तेरी इबादत की रज़ा नहीं , तो दोज़ख़ ए अज़ाब दे दे ||

गुनाह गर है तुझे चाहना, इस तरह शाहबाज़ |
मना लेंगे ख़ुदा को, तू तेरी बंदगी का सवाब दे दे ||

25. प्रेम पत्र

तुमने लिखा है जो हृदय कष्ट प्रिये |
मन का मलाल, कर दिया है स्पष्ट प्रिये ||

हर समय, हर पल तुमने मुझे स्वीकार किया |
जीवन में अपने, मुझ तुच्छ को अधिकार दिया ||

तुमने मान दिया सम्मान दिया |
मेरे सपनो को नया आयाम दिया ||

तेरी मुस्कान से दिन मेरा बन जाता है |
तुझसे प्रेम करना ही मुझे आता है ||

तुझे और ना मैं सताऊँगा |
तेरी मुस्कान के लिए सब कर जाऊँगा ||

तेरे नैनों में मुझे दे स्थान प्रिये |
मुझे बाँहों तेरी, ले थाम प्रिये ||

तेरे प्रेम का का मुझ पर उपकार प्रिये |
करो मेरी विनती स्वीकार प्रिये ||

26. किधर चलें ?

मिल गये कदम हमारे, कुछ दूर ऐसे साथ चले ,
एक तरफ़ क़िस्मत और एक तरफ़ कायनात चले ||

मंज़िलो ने भी ऐसे, बाँहें खोल कर पुकारा ,
एक तरफ़ अहसास और एक तरफ़ जज़्बात चले ||

रोक दिल को लिया, उसूल ए दुनिया ने ऐसे ,
एक तरफ़ इक़रार और एक तरफ़ इल्ज़ामात चले ||

ख़्वाब तो तेरे साथ, अंजाम ए मुहब्बत का देखा था ,
एक तरफ़ आसानी और एक तरफ़ मुश्किलात चले,

राह ए उल्फ़त हर मोड़, पर एक शतरंज सी है ।
एक तरफ़ चालें और एक तरफ़ बिसात चले ॥

रिश्ते की बुनियाद में, अक़ीदत ए वफ़ा ना रही |
एक तरफ़ फ़साने और एक तरफ़ ख़्यालात चले |

27. शौक़ ए तलाश

ए ज़िंदगी कब तक तेरे इम्तिहान देते रहें।
ख़्वाबो को आग़ाज़ और अंजाम देते रहें।
कब तक कोशिशों की सुबह,
और दिलासे की शाम देते रहें॥

वक़्त ए सुकून की ख्वाहिश थी,
बस इस बेदारी के आलम में।
कब तक जीने की वजह और
ज़िंदा होने की पहचान देते रहे॥

माँगा ही क्या था, मेरा ही वक़्त मेरे लिये।
चाहा ही क्या था, मेरा ही शख़्स मेरे लिए।
कब तक आईना तलाशे मेरा ही चेहरा।
और उस साये को मेरा ही नाम देते रहे॥

घर से निकले थे कह कर जल्द लौट आऊँगा।
परिंदा हूँ इस शाख़ को छोड़ कहा जाऊँगा।
कब तक फिरते रहें, मौज़ू की तलाश में,
और मंज़िलो को रास्ते का नाम देते रहे॥

जब शौक़ ए तलाश ही ख़त्म हो जाए ।
जहाँ दिल के जज़्बात ही जज़्ब हो जाएँ ।
जब तक जलाए रख हौसलों की शमा,
और मुश्किलों को रब का फ़रमान देते रहें ॥

28. Social Bediyan

मोबाइल हमसे भाग पाएगा नहीं |
हमे घूरता रहेगा, मुँह छुपायेगा नहीं |
हमारी उँगलिया तरसती है छुने उसे,
अंगूठा उसके बिना रह पाएगा नहीं ||

माँ की बातों पर ग़ुस्सा तो अता होगा ना
बाप की सलाह पर,सिर चकराता होगा ना
वो देख रहे है अपने बच्चों को जवानी में बूढ़ा होते
अब हर कोई हानिकारक बापू बन पाएगा नहीं

Scrolling में मज़ा बहुत आता है |
हर रील में कुछ ताज़ा बहुत आता है |
हैरान होते है ये मुँह और इतने followers,
Reel बनाने का हुनर सिखाएगा नहीं ॥

Influencer ला रहे है Reel कोने कोने से,
तुमसे ही सोफ़े से उठा जाएगा नहीं ।
हर Topic पर podcast हो रहा है ,
पर तुमसे दो शब्द बोला जाएगा नहीं ॥

Insta, You tube , Snaping और FB,
lock तुम्हारी 6th sense कर, बना रहे है तुम्हें Zombie |
विवेकानंद को पढ़ो, लूथर को जानो ,
Newton सा Apple अब कोई गिरायेगा नहीं ||

अरे मेरे देश के Gen Z, Alpha Beta,
कुछ नज़र किताबों पर भी मार लो ,
Words को समझो, Formulo से प्यार लो ,
ये वक़्त है एक बार गुज़रा ,दोबारा आएगा नहीं ||

29. O Lady...Divine

O Lady, warrior divine,

You are the warrior,
the quiet strength,
the storm that bends but never breaks.

You are the heart of love and care,
A sacred blessing everywhere.

O Lady, symbol of our pride,
With fearless voice, you stand, you guide.
Protector strong, defender true,
Leader bright, the path is you.

Protector of our days,
leader of our nights,
you hold the weight
of relations,
of responsibilities,
and still—

you rise.

Shahbaaz, whispers a prayer sincere,
For every joy that draws you near.
Though we may falter, stray, or fall,
It's you who lifts and completes us all.

O Lady, song of victory's flame,
A life eternal bears your name.

30. सितारों से आगे

चल आगे सितारों से, आसमानों पर चल |
तोड़ सब उसूलों को, क़ायदो को बदल |
इल्ज़ाम ही लगायेंगे, उठायेंगे ही उँगलिया,
ज़िद पर क़ायम रह, तक़दीर अपनी बदल |

रख जीने का अन्दाज़ , फ़कीरो सा |
बदल नक़्शा हाथो की लकीरों का |
डूब कर जुनून में दुनिया को भूल जा,
आफ़ताब ए इल्म बन कर निकल |

तेरे किरदार की इबारत कौन कहेगा,
तेरे हुनर की इबादत कौन करेगा ,
रख हर कदम शाहबाज़, की मिसाल बने |
नायाब में भी बेमिसाल बन कर निकल ||

31. कहानी सुनाने मेरी

अब तो ख़ाली घर है, दिल मेरा |
अब हर्फ़ आयेंगे, कहानी सुनाने मेरी |

बिसरे लम्हे कहेंगे, मिसरा मेरा |
टूटे ख़्वाब, आयेंगे शायरी सुनाने मेरी |

वो लम्हे जहाँ झूठ, बन गया सच मेरा |
तेरी ही वफ़ा आएगी, हक़ीक़त बताने मेरी ||

तेरे इंतज़ार, के किनारों पर मेरे निशाँ देखना ।
लहरें तड़प के आयेंगी, कोशिशें बताने मेरी ॥

अब ख्वाबों का गुलशन, भी सुना सुना सा है ।
बिखरे फूल महकेंगे, बनकर निशानी मेरी ।

मेरी दुआओ का असर, आसमाँ तक हुआ है |
शहर ए यार की सदाएँ चूमती है, पेशानी मेरी ।|

32. तू आती है ...

कुछ इस तरह बस गई है तू दिल के कमरे में |
जब भी साँस लेता हूँ , तेरी ही ख़ुशबू आती है ||

झांकना भी दुशवार हैं, मुझे मेरी तनहाइयों में |
लम्हा ए सुकून ,में तेरी यादो की आँधी आती है ||

थाम कर रखा है अपने कदमों को बढ़ने से |
हर मंज़िल, में तेरे नाम की ही जुस्तजू आती है ||

बेख़बर ही रहता हूँ, आजकल बाखबर हो कर |
होश में भी हर तरफ़ तेरी परछाई , रूबरू आती है ||

अरमान है इनका क्या, गुमान कुछ भी करते है |
काफिर है, इन्हें तेरी इबादत की आरज़ू आती है ||

पाक है इश्क़ मेरा, आब ए जमज़म की तरह |
तसव्वुर में भी तू आती है, तो बावज़ुआती है ||

33. मैं ....मेरे ख़्वाबो का क्या करूँ ?

मैं ....मेरे ख़्वाबो का क्या करूँ ?
जो बनते बिगड़ते है ।
मुझसे झगड़ते है ।
आँखो में गड़ते है ।
एक टूट जाता तो,
सौ सौ बनते है ।

मैं ....मेरे ख़्वाबो का क्या करूँ ?
बेचैनी में खिल जाते है
खामोशी में झिलमिलाते है
हँसता हूँ तो मुस्कुराते है
पर टूटने से घबराते है

मैं ....मेरे ख़्वाबो का क्या करूँ ?
सतरंगी, अतरंगी ,कभी सुहाने से,
डरावने, मतवाले,दीवाने से
अपने, अनजाने ,कभी बेगाने से
अजब, हक़ीक़त, फ़साने से

मैं , मेरे ख़्वाबो का क्या करूँ
वो रुकते नहीं कभी,थकते नहीं कभी
पंख लगा कर, हौसले से उड़ते है
गिरते नहीं कभी |

मैं , मेरे ख़्वाबो का क्या करूँ
जीना सिखाया मुझे
मनमौजी बनाया मुझे
गिर जाता था हार कर
उठ कर दौड़ना सिखाया मुझे

ये उम्मीद एक है अंधेरों में
एक रास्ता है कई घेरो में
है ज़िंदगी धूप छाँव गर
ये सूरज है सवेरों में
मैं , मेरे ख़्वाबो का क्या करूँ

34. अन्दाज़

ग़ैरत की कहानी है मेरी,
एक तूफ़ानी ज़िंदगानी है |
तुम मुझसे जीना सीख लो,
हम तुम्हारा अन्दाज़ सीख लेंगे ||

आसमाँ से लगा शर्त उड़ गये,
हौसलों की एक रवानी है |
तुम मुझसे उड़ना सीख लो,
हम तुम्हारी परवाज़ सीख लेंगे ||

लिखा है अरमानो का हिसाब ,
कुछ हासिल है कुछ बेमानी है |
देख ली है तुमने मंज़िल मेरी,
हम तुम्हारा आग़ाज़ सीख लेंगे ||

35. सलाम ए दिल

आधी आधी रात वाली मुहब्बत को सलाम
रह रह के गुज़रने वाली कुरबत को सलाम

कभी कभी ठहर जाती है साँसे दिल रोक कर
बेवक़्त आने वाली तेरी ख़ुशबू को सलाम

हज़ार गलियाँ है अहसासो को गुज़रने
तेरी ही गलियों में मुड़ने वाली नज़र को सलाम

यूँ तो महफ़िलो में शमा भी बहुत हैं और शबाब भी
जगमगाती है जिससे रात तेरे आने की खबर को सलाम

महकना बंद कर दिया है अब गुल और गुलशन ने
इंतज़ार में कभी तेरे साथ होगी, वो सहर को सलाम

36. लिबास ए किरदार

ख़्वाब भी हमने उतने ही देखे, जो पूरा कर सकें |
कभी चादर से बाहर पैर, मैंने पसारा ही नहीं ||

कई बार सिखाया, दुनिया ने बदलना मुझे |
अपने लिबास ए किरदार, कभी उतारा ही नहीं ||

चराग़ भी रखा ऐसे की रौशन हर मकाँ रहे |
मैंने अपना ही, आँगन बस संवारा नहीं ||

निभाया हर रिश्ता काँधे से काँधा मिला कर |
हाथ जिसने छोड़ा, उसे फिर पुकारा ही नहीं ||

होते है सौदा ए इश्क़ में तंज और अक़ीदत दोनों के |
नफ़ा ,नुक़सान होगा,फिर वो तुम्हारा ही नहीं ||

समाया है मुझमें दर्द ,कितने ही दरियाओं का |
मैं वो समंदर हूँ, जिसका कोई किनारा ही नहीं ||

शाहबाज़ तू महताब है, जिसकी आग में जलन नहीं |
हर असमान में कोई तुझसा सितारा ही नहीं ||

37. तेरा हो जाऊँगा

कुछ क़र्ज़ बाक़ी होंगे पिछले जन्म के |
उतार लेता हूँ फिर तेरा हो जाऊँगा ।

कुछ फ़र्ज़ बाक़ी हैं इस जनम के |
संवार लेता हूँ, फिर तेरा हो जाऊँगा |

तनहाइयों, को दूरी की वजह मान लेते है ।
तेरी खामोशी, को अपनी सजा मान लेते है ।

रहने दे तू, भी कोशिश ना कर दूर जाने की ,
देख तेरी इसी अदा से फिर तेरा हो जाऊँगा ॥

शख़्सियत की अहमियत तेरी मेरी नज़रों से पूछ |
मेरे दिल की वसीयत मेरी धड़कनों से पूछ |

कुछ बहुत शिकायत मेरी भी है ख़ुदा से |
मुझसे माँगने कहेगा, तो तेरा हो जाऊँगा |

38. मिलने मुझसे आना ज़रूर

वक़्त तुझको तेरी ज़िद से मिले |
कभी ,मिलने मुझसे आना ज़रूर ||

छोड़ कर अपनी समझ को
कभी, मुझको सीने से लगाना ज़रूर ||

मैं रूठ जाऊँ किसी बात पर
कभी ,मुझे एक बार मनाना ज़रूर ||

जो करूँ तुझसे दूर जाने का ज़िक्र,
बीते लम्हों की याद दिलाना ज़रूर ||

रख कर सर तेरे दिल के पास
बाते करनी है तेरी साँसों से कई,
सुनना है तेरे एहसासों को
बतानी है मेरी सुनी रातें कई ||

कभी तुझको तेरी ज़िद से वक़्त मिले
मिलने मुझसे आना ज़रूर |

39. मौसम ए बहार

बिखरती तेरी ज़ुल्फ़ो, को सँवार लेने दो |
निगाहों की तेरी, नज़र उतार लेने दो ||

हर शाम ,तेरे अहसास में गुज़र जाए |
यादों से, उन लम्हों को उधार लेने दो ||

जो बन कर हया, रोकती तुम्हें है |
लबों से तुम्हारे ,वो इनकार लेने दो ||

इतरा कर, जो फेर लेती हो रुख़ |
अदाओं से तुम्हारी, वो इज़हार लेने दो ||

खामोशी से. तुमने जो दीवाना है किया |
धड़कनो से तुम्हारी, वो क़रार लेने दो ||

दिल मेरा है बंजर, मुहब्बत की प्यास से |
आग़ोश से तेरे, वो मौसम ए बहार लेने दो ||

40. तुम्हें क्या ...

मैं हूँ और मेरा दरिया ए एहसास |
मैं डूब जाऊ या तर जाऊँ, तुम्हें क्या ?

मैं हूँ और मेरा गुल ए इज़हार |
मैं मुरझाऊ या खिल जाऊँ तुम्हें क्या ?

मैं हूँ और मेरा इश्क़ बेहिसाब |
मैं बाँट लूँ या लूट जाऊँ, तुम्हें क्या?

मैं हूँ और मेरी महफ़िल ए एतबार |
मैं बुझ जाऊँ या जगमगाऊँ, तुम्हें क्या ?

मैं हूँ और मेरा मयखाना ए इंतज़ार |
मैं झूम लूँ या लड़खड़ाऊँ तुम्हें क्या ?

मैं हूँ तुझमें इस तरह शामिल ,
तेरी जुदाई तुझसे ही मुश्किल है |

मैं हूँ तुझसे इस तरह कामिल,

मेरी रिहाई मुझसे ही मुश्किल है |
मैं तुझमें रहूँ या तू मुझमें , तुम्हें क्या ?

41. बिटिया

पहला कदम जो बिटिया ने आँगन में रखा ।
जैसे आसमाँ ने, चाँद मेरे दामन में रखा ॥

सख़्त हाथों से लाडो को,ज्यूँ सीने से लगाया,
जैसे ख़ुदा ने मेरी दुआओं को हथेली में रखा ॥

हर बात समझ लेती और समझा भी जाती है ।
खुद ज़िद करती और खुद मान भी जाती है ॥

छुपा लेता हूँ छुटकी के,हर अरमान ज़ेहन में,
मेरी गोदी में जब परियों की कहानी सुनाती है ॥

मेरे लिये हर बार अपनी माँ से भी लड़ जाती है ।
ऐसे ही नहीं बेटिया, पापा की परीयाँ कहलाती है ॥

भूल जाता मै दिन भर की शिकन और थकान को
मुस्कुरा के मेरे सुने से मकान को जन्नत बनाती है ॥

करे शाहबाज़ दुआ सजदे में, हर पल ख़ुदा से,
हर बेटी को हर घर की दुआ और रौनक़ बना दे॥

42. नज़र उतार लेने दो

बिखरती तेरी ज़ुल्फ़ो, को सँवार लेने दो |
निगाहों की तेरी, नज़र उतार लेने दो ||

हर शाम ,तेरे अहसास में गुज़र जाए |
यादों से, उन लम्हों को उधार लेने दो ||

जो बन कर हया, रोकती तुम्हें है |
लबों से तुम्हारे ,वो इनकार लेने दो ||

इतरा कर, जो फेर लेती हो रुख़ |
अदाओं से तुम्हारी, वो इज़हार लेने दो ||

खामोशी से. तुमने जो दीवाना है किया |
धड़कनो से तुम्हारी, वो क़रार लेने दो ||

दिल मेरा है बंजर, मुहब्बत की प्यास से |
आग़ोश से तेरे, वो मौसम ए बहार लेने दो ||

43. क्यों , मिली तुम ?

सोचता हूँ मिली, तो क्यों , मिली तुम ?
दूरीयों में कोई,
गुनाह की सजा सी लगती हो ।

बाहों में रहती हो,
तो रब की दुआ सी लगती हो ।

सेहरा ए ख़लिश में,
एक आब ओ सबा सी लगती हो ।

मतलबी इस दुनिया मे,
एक वफ़ा सी लगती हो ।

नुक़सान ए ज़िंदगी में,
एक नफ़ा सी लगती हो ।

ख़ुद को रोका बहुत पर कर ली
वो ख़ता सी लगती हो ।

फिर सोचता हूँ कि मिली तो, क्यूँ मिली तुम ।

मेरी कश्ती को,
एक किनारा सा मिला ।
बेगाने से जहां में,
अपना यारा सा मिला ।
अधूरी मंज़िल में ,
साथ प्यारा सा मिला ।

अंधेरी राहों को ,
एक उजियारा सा मिला ।
बंजर से दिल को,
मौसम ए बहारा सा मिला ।
मेरे सुने आसमाँ को एक सितारा सा मिला ।

44. कुछ तो लोग कहेंगें

तक़ाज़ा ए अहसास,
कुछ यूँ बना लिया लोगो ने
सहूलियत ए वक़्त,
से रिश्ता बना लिया लोगो ने

हमने बिखेर दिये,
गुल ए अक़ीदत उनकी राहों में ।
गुमा ए नादानी से ,
उनमें आना भुला दिया लोगो ने ।

यूँ ही बिखरते रहे पत्ते
दरख़्त ए जज़्बात के ।
उम्मीद छोड़ी नहीं,
बदलने सूरत ए हाल के ।

हर शाख़ पर बारिश,
बराबर दी कुदरत ने ।
फिर क्यूँ गुलों पर,
सवाल उठाया लोगो ने ।

जगमग ही रहा है ,
मंज़िल ए शाहबाज़ का सफ़र।
नियत ए फ़तह बुलंद है
और राहों पर है नज़र ॥

चराग़ कुछ ही,
रौशन किए थे मेरी राहों के ।
क्यूँ हर मोड़ पर ,
अहसान जताया लोगो ने ।।

45. उँगलियाँ

मतलबी दुनिया है उँगलियाँ,
आईनो पर भी उठाते है |
ठोकर लगाकर पत्थर भी,
बड़े आदर से पूजे जाते है |
अकीदत रखते है,
रखते है आफ़ताब पर |
रौशनी खिले तो महबूब,
बुझे तो दाग दिखा जाते है |

मतलबी दुनिया है उँगलिया,
सपनों पर भी उठाते है |
नींद उड़ा कर आँखो की,
हर रात उन्हें सजाते है |
अक़ीदत रखते है मुहब्बत पर भी,
मन का मिले तो मनमीत,
ना मिले तो औरों को रिझाते है |

मतलबी दुनिया है उँगलिया,
अपनो पर भी उठाते है |
हमनाम हो तो दोस्त,

पराया हो तो अनजान नज़र आते है |
अक़ीदत रखते है
ख़बरों पर पूरी शाहबाज़ |
लिख कर झूठ अखबारो में ,
किताबों को अफ़वाह बताते है |

46. मैं और कै का मौसम

तलाश रहे है हम ,
क्या, क्यूँ और कैसे था ।
फ़िक्र ए कल रहा तो,
आज से कल बदल जाएगा ॥

मेरा, तुम्हारा और मैं का मौसम ।
वहम, गफ़लत और कै का मौसम ।
ख़ाक ए अख़ूत ही अब,
मुहब्बत का गुल खिलाएगा ॥

खींच ले ज़ालिम,
लकीर ए गुमराही ज़ेहन में ।
अक़ीदा ए इंसानियत ,
फिर भी सबा ए वहादियत लाएगा ॥

लाख कर लो कोशिशें,
तब्दील ए तारीख़ की ।
ये वक़्त हर वक़्त ,
ख़ुद को दोहराएगा ॥

सच वो ख़ालिस मोती है, शाहबाज़ |
क़ैद ए सदफ़ में होकर भी जगमगायेगा ||

47. अहसासों के परिंदे

उड़ते है खुले आसमाँ में,
हर बंदिशों से गाफ़िल है ।
अहसासों के परिंदो की ,
अल्फ़ाज़ ही मंज़िल है ॥

अधूरे से मिसरे है साँसे ,
क़िस्से इनकी ज़िंदगानी है ।
नज्मो से है कामिल ये,
शायरी इनकी रूहानी है ॥

मयस्सर ही ये ही सफ़र से है
वजूद भी इनका सफ़र ही रहा
मिलाते रहे,रदिफ़ क़ाफ़िये में
ग़ज़ल ही इनका हमसफ़र रहा

हर्फ़ दर हर्फ़ गिरकर ,ठोकरों से
उठकर ही अल्फ़ाज़ बन पाए हैं
हर मक्ते में जीने का राज़ लिखा
तभी मतले का परवाज़ लिख पाए है

48. कुछ ज़रा ज़रा सा है

दर्द ए दिल कुछ ज़रा ज़रा सा है |
ज़ख़्म जो है पुराना हरा हरा सा है |
साँसें शिकायतो की थम सी गई है |
उम्मीद ए नब्ज़ जो जम सी गई है |
अहसास भी अब मरा मरा सा है ||

शराब में कोई अब नशा लगता नहीं |
मयखाने में कोई बादशाह दिखता नहीं |
साक़ी ने भी जाम अब गिनना छोड़ दिया |
प्याला हमने भी वफ़ा का अब तोड़ दिया |
जाम ए तन्हाई ही अब भरा भरा सा है ||

कर दिया सुकून है नाम अब तेरे |
मैं रहा ही नहीं काम का अब मेरे |
शमा इंतज़ार की अब बुझा दी है |
महफ़िल ए जुदाई अब सजा दी है |
ज़िक्र ए इश्क़ से ही दिल डरा डरा सा है ||

49. अनजान रास्तों का मुसाफ़िर

अनजान रास्तों का मुसाफ़िर हूँ
बेगानी सी महफ़िल से आया हूँ
साथ नये एहसास के नया शाहबाज़ लिए
पुरानी गलियों से मिल के आया हूँ

बन से गये है कुछ तजुर्बे मेरे
बदल से गये है कुछ नज़रिए मेरे
वक़्त की बरसात और धूप के बाद
नये गुलशन सा खिल के आया हूँ

जब जब उठाई गई,उँगलिया वजूद पर मेरे ।
जब जब सवाल हुए,उड़ान पर मेरी ।
कदमों को रोका ही नहीं,पंखों को थामा ही नहीं ।
ज़मीन की सरहदों को ,आसमाँ से सिल के आया हूँ ॥

50. क़ायम रहेगा

तेरा इंतज़ार है
और क़ायम रहेगा
तेरी यादो का
जब तक चाँद रहेगा

ये बारिश ये बादल
तेरी ज़ुल्फ़ो के अंधेरे
हम बाँट लेंगे
आधे तेरे आधे मेरे

तुम फिर से संवरना,
मेरे क़रीब से गुज़रना,
मैं निहारूँगा तुम्हें फिर से
मैं पुकारूँगा तुम्हें दिल से
तेरे पलटने तक
दिल बेज़ार है मेरा
और मेरा क़ायम रहेगा

तेरी आँखों का बहक जाना
पलकों का उठना, झुक जाना

गालों में बिखरी
हया की गुलाबी
मुस्कान वो ज़रा सी,
शराबी शराबी
उठा लूँ मैं दो जाम
फिर तेरी अदा के
बेक़रार दिल है मेरा
और क़ायम रहेगा

www.ingramcontent.com/pod-product-compliance
Lightning Source LLC
LaVergne TN
LVHW050755051026
849532LV00008B/2880
* 9 7 9 8 8 9 8 6 5 0 4 8 3 *